AF348239

LETTRES PATENTES

DE DECLARATION DV Roy, CONCERNANTS CEVX de la Religion pretenduë Reformée.

Publiée à Rouen en Parlement, le septiesme iour de Iuin mil six cens vingt & vn.

A ROVEN
DE L'IMPRIMERIE,
DE MARTIN LE MESGISSIER, Imprimeur ordinaire du Roy, tenant sa boutique au haut des degrez du Palais.
M. DC. XXI.
Auec Priuilege dudict Seigneur.

Du septiefme iour de Iuing mil fix cens vingt & vng, à Roüen en la Court de Parlement.

SVR les Lettres patentes de Declaration du Roy, données à Niort le 27. iour de May dernier, tant pour la protection de fes fubiectz de la Religion pretenduë Refformée, qui demeureront & fe contiendrōt dans fon obeyffance & foubz l'obferuation de fes Edictz en faifant par eulx les declarations portées par lefdires Lettres, Que contre les habitans & autres perfonnes de quelque qualité & condition qu'ils foyent, demeurants, retirez, où refugiez és Villes de la Rochelle & Saint Iean Dangely, & tous autres qui les fauoriferont directement ou indirectement, felon qu'il eft plus amplement contenu aufdites Lettres, Apres qu'elles ont efté Iudiciairement leuës & publiées, Et oy le Procureur General du Roy en fes Conclufions. LADICTE COVRT à ordōné & ordonne que fur le reply defdites Lettres fera mis, Leuës, publiées, & regiftrées, Oy & Requerant le Procureur General du Roy, Et ordonné que les coppies & vidimus Imprimez d'icelles feront enuoyez tāt aux Sieges Generaulx que Particuliers des Bailliages & Vicontez de ce Reffort, Pour y eftre auffi leuz, publiez & regiftrez en chacun Siege de Iurifdiction, gardez & obferuez felō leur forme & teneur, Et enioinct aux Iuges & Subftitutz dudict Procureur General chacun en leur regard, tenir la main à l'obferuation & punition des contrauentions, fur peine d'en refpōdre en leurs propres & priuez noms, & aduertir ladicte Cours des diligences qu'ils auront faictes tant en la publication que execution defdictes Lettres dedans le moys, Le tout aux charges de l'arreft contenu au Regiftre de ce iour. Defquelles Lettres patentes de Declaration la teneur enfuyt.

OVIS PAR
LA GRACE DE
DIEV, ROY DE
FRANCE ET DE
NAVARRE: A tous
ceulx qui ces presen-
tes lettres verront,
Salut. Le desir que nous auons tousiours
eu de conseruer le repos & la tranquilité
publique parmy noz subjectz, & d'empescher les maux & desolations que la leuée
des armes apporte ordinairement, & les
oppressiós & calamitez que les peuples en
reçoiuent, Nous à faict tollerer & souffrir
auec beaucoup de patience depuis plusieurs mois en çà, les excedz, desobeïssan-
ces, & rebellions qui ont esté cómises en
plusieurs Villes de nostre Royaume, par
aucuns de noz subjectz faisans profession

de la Religion pretenduë reformée, Mesmes en celles de la Rochelle, Montauban,
& autres où se sont tenuës & se tiennent
encores des assemblées illicites, qui se sont
plustost employées à former des estatz
populaires & republiques, que à se cóser-
uer dás l'obeïssance à laquelle il nous sont
naturellemét obligez; Ayát mesmes faict
grauer vn sceau, soubz lequel, & soubz les
signatures des principaulx desdites assemblées, Ils ont lasché diuerses Ordónances,
Decretz, Mandemens, & Commissions,
portás pouuoir à des particuliers de com-
máder aux Prouinces & Villes, leuer les
deniers de noz Fermes & Receptes, faire
leuées d'hómes d'armes & d'argent, fon-
dre Canon, Enuoyer aux Prouinces &
Royaumes estrangers, & autres sembla-
bles actiós qui font assez paroistre vne en-
tiere rebellion & soubzleuation ouuerte
contre nostre auctorité, Dequoy ayás eu
quelque cógnoissance dés le mois d'Auril
dernier, Et sachant qu'ils prenoient pre-

texte de se porter à ces desordres, par le
peu de seureté qu'ils disoiét auoir de leurs
persónes & de la liberté de leurs conscien-
ces, Nous voulusmes par nostre Declaration du vingt-quatriéme dudit mois d'A-
uril leur dóner toutes asseurances de noz
bónes inclinatiós à l'endroit de ceulx qui
demeureroient en leur debuoir, & les pre-
nans en nostre protection & sauuegarde
particuliere : faire cognoistre que le voya-
ge que nous nous prepariós de faire en ces
quartiers de deçà estoit plustost (pour
nous approchans des lieux où ses insolen-
ces se cómettoient) y establir & faire paroistre nostre auctorité, à la confusion de
ceulx qui se trouueroient coulpables, que
pour vser d'autre plus grande rigueur : n'y
nous seruir du pouuoir que Dieu à mis en
noz mains pour le chastimét de telles in-
solences; Mais tant s'en fault que cela leur
ayt ouuert les yeux pour les ramener à ce
qui est de leur debuoir : que la pluspart
d'entre eulx continuás en leurs mauuaises

volontez, se portent ouuertement à la rebellion, & mesmes cómettent toutes sortes d'hostilité côtre ceulx qui n'y adherent auec eulx : publians ne recógnoistre autre chef que l'assemblée qui est dás laRochelle, Laquelle à faict à present retrouuer à Saint Iean d'Angely plusieurs Gens de Guerre leuez soubz leursdites cómissions qui font contenáce de se vouloir opposer à nostre passage dans ladite Ville, & nous en vouloir empescher l'entrée par la force des armes, Ce qui nous oblige voyant mesmes que ce desordre est suiuy en plusieurs autres villes de nostre Royaume de nous mettre en estat d'en chastier les autheurs seló leursdemerites, Et d'employer à cét effect auec les voyes ordinaires de la Iustice les moyens que Dieu à mis en noz mains pour la manutention de nostre auctorité, Et affin que tous noz subjectz & speciallemét ceulx qui font profession de la religion pretéduë reformée ne puissent estre abusez du faulx pretexte dont ladite aſſemblée ſe ſert pour les deſtourner de leur debuoir, & que les vngs & les autres ſoient informez de noz intentions & volótez ſur ce ſubject. Novs de l'aduis des Princes, Ducs, Pairs, Officiers de noſtre Couronne, & principaulx de noſtre Conſeil. Avons dit & declaré, diſons & declarós par ces preſentes, Qu'en confirmát noſdites lettres patentes dudit vingt-quatriéme d'Auril dernier, Nous auons pris & mis, prenons & mettons en noſtre protection & ſauuegarde ſpecialle tous noz ſubjetz de ladite religion pretéduë reformée de quelque qualité & códition qu'ils ſoient, qui demeurerót & ſe contiendrót dás noſtre obeiſſance & ſoubz l'obſeruation de noz Edictz, leſquels nous voulons auſſi faire ſoigneuſemét obſeruer en leur faueur: Mais voyans les rebellions manifeſtes qui ſe cómettent en noſtre ville de la Rochelle, Tant par l'aſſemblée qui eſt touſiours ſubſtiſtante cótre nozdeſſences expreſſes, que par le corps de ville, bour-

geois

geois & habitans d'icelle, Comme auſſi
ce qui ſe paſſe en noſtre ville de Saint Iean
d'Angely, & les actes d'hoſtilité qu'ils cómettent iournelllemét contre noſtre per-
ſonne. NO V S auós declaré & declarons
tous les habitans & autres perſonnes de
quelque qualité qu'ils ſoient, qui ſeront à
preſent demeurans, refugiez, où retirez
dás la Rochelle & Saint Iean d'Angely, &
tous autres qui les fauoriſeront directement ou indirectement, & qui aurót ac-
cedz, intelligence, aſſociation & corres-
pondance auec eulx : où qui recongnoi-
ſtront en quelque ſorte que ce ſoit ladicte
aſſemblée de la Rochelle où les autres aſſemblées, abregez, cercles, conſeilz de
Prouinces, où autres congregations qui
ont correſpondance auec celle de la Rochelle, & qui ſe tiennét ſans noſtre expreſſe permiſſion ; Relaps & refractaires, de-
ſobeïſſans, & criminelz de leze-Majeſté
au premier chef, & cóme telz leurs biens
nous eſtre acquiz & confiſquez : Voulans

B

qu'il foit procedé contre eulx felon la rigueur des Loix & Ordónances, par faifiés
de leurs perfonnes, annotations de leurf-
dicts biens, & autres voyes ordinaires &
accouftumées en tel cas, Declarans auffi
nofdictes Villes de Saint Iean d'Angely,
la Rochelle, & toutes autres qui leur ad-
hereront & fe porterót auec elles aux mefmes crimes & defobeïffances, priuées &
defcheuës de tous octroys, priuileges, frá-
chifes, & autres graces qui leur pourroiét
auoir efte cócedées par les Roys noz pre-
deceffeurs où par nous, Et affin que nous
puiffions difcerner & recongnoiftre les
bons d'auec les mauuais, Nous voulons
que tous nofdicts fubjectz faifans profef-
fion de ladicte religion pretenduë reformée, Tant Gentils hommes, Officiers,
que autres de quelque qualité qu'ils foiét,
Et mefmes les villes & communaultez de
ladite qualite, facent declaration dans les
Sieges Prefidiaulx, Baillages & Senef-
chauffées de leur reffort, des bónes inten-

tionsqu'ils aurót à noftre feruice, Et qu'en
icelles ils facent renonciations & defad-
ueuz : & proteftent de n'adherer en aucune forte à ladite aſſemblée de la Rochelle
n'y à toutes autres aſſemblées, conſeilz de
Prouinces, abregez, cercles, & autres qui
comme dict eft ſe font tenus & tiennent
fans noftre permiſſion expreſſe, Et qu'ils
ſe veullent oppofer auec nous à toutes les
reſolutiós qui y pourroient auoir efté pri-
ſes, dont ils retireront les actes qui pour-
ront eftre neceſlaires à leur deſcharge.
Cóme auſſi nous deffendons treſ-expreſ-
ſément à tous Gentils-hommes & autres
de permettre à leurs enfans, domeftiques,
où autres deppendans d'eulx · d'aller dans
leſdites villes, n'y y prefter confort & aſſi-
ftance aucune, n'y dóner logement ou re-
traicte dás leurs Maifons à ceulx qui yrót
ou conuerferont en quelque façon que ce
ſoit, Sur peine d'eftre tenuz coulpables
de mefme crime. Mandant & enjoignát
tres-expreſſément à tous Baillifz, Seneſ-

chaulx, Preuoſtz, Iuges où leurs Lieute-
nans, Viſſeneſchaux, Preuoſtz de noz
couſins les Conneſtable & Mareſchaux
de France, & à tous noz autres Officiers
qu'il appartiédra: de proceder exactemét
& ſoigneuſement contre les perſonnes &
biens de ceulx qui auront encouru ledict
crime, Et à noz Procureurs Generaulx &
leurs Subſtitudz de faire ſur ce les pour-
ſuites requiſitions & diligences qui dep-
pendent de leurs charges, Sans auoir eſ-
gard à aucunes ſauuegardes ou autres aſ-
ſeuráces qu'ils pourroiét obtenir de nous
ſoubz faulx donné à entendre ou autre-
ment, Sy ce n'eſt que leſdictes Sauuegar-
des fuſſent en lettres patentes ſcellées du
grand ſceau, & que dans icelles il fuſt ex-
preſſémét expoſé la permiſſion que nous
leur aurions donnée d'aller ou frequenter
dans leſdites Villes rebelles. SY DON-
NONS EN MANDEMENT à noz améz
& feaulx Conſeillers, Les Gens tenás noz
Courts de Parlemens & Chambres de

l'Edict, que ces presentes ils facét lire publier & registrer chacun endroit soy, & le contenu en icelles garder & observer exactement selon sa forme & teneur : Enjoignás à noz Procureurs Generaulx & leurs Substitudz d'y tenir soigneusement la main, & de faire toutes poursuites & diligéces pour ce requises & necessaires, CAR tel est nostre plaisir : EN TESMOING dequoynous auós faict mettre nostre scel à cesdictes presentes. DONNE' à Niort le vingt-septiéme iour de May, L'an de grace Mil six cens vingt vng, Et de nostre regne le douziesme. Signé, LOVIS. Et sur le reply, PAR LE ROY. POTIER. Et seellé du grand seel sur double queuë en cire jaune. Et à costé sur ledit reply est escript,

Leuës, publiées & Registrées, Oy & Requerant le Procureur General du Roy, Pour estre executées, gardées, & obseruées selon leur forme & teneur : Aux charges de l'arrest contenu au Registre de ce iour. A Rouen en Parlement le septiéme iour de Iuin, mil six cens vingt vng.

Signé,　　　*DE BOISLEVESQVE.*

EXTRAICT DES REGISTRES
de la Court de Parlement.

EV PAR LA COVRT les Chambres assemblées les Lettres patentes de Declaration du Roy donée à Niort le vingt-septieme May dernier tant pour la protection & sauuegarde de tous ses subiectz de la Religion pretenduë Refformée, qui demeureront & se contiendront dans son obeyssance soubz l'obseruation de ses Edictz, en faisant les declarations portées par lesdites Lettres, Que contre les habitans & autres personnes de quelque qualité qu'ils soient, demeurants, retirez, ou refugiez és Villes de la Rochelle & Saint Iean Dangely, & tous autres qui les fauoriseront directement ou indirectement, Conclusions du Procureur General du Roy, Tout consideré. LA DICTE COVRT les Chambres assemblées, A ordonné & ordonne que lesdites lettres patentes serōt leuës, publiées & Registrées, pour estre le contenu en icelle exécuté gardé & obserué selon leur forme & teneur : sans attribution neantmoins d'aucune Iurisdiction & congnoissance en ce regard aux Preuost general, ses Lieutenants & Vibailliz, Fors & reserué pour l'execution des decretz & Captures, pour estre les prisonniers menez & constituez és Prisons ordinaires des lieux : & leur procés faict instruit & Iugé par lesdicts Iuges Royaux ordinaires, & par appel en ladicte Court, Et à la charge que les declarations portées par lesdites Lettres se ferōt par ceulx de ladicte Religion pretenduë Refformée, Tant chefz de Maison, que

leurs Enfans, Domestiques, & Seruiteurs, au dessus de l'aage
de seize ans, Mesmes par les veufues & femmes libres, Asça-
uoir, pour le regard des resseants & habitants des Villes &
Faulxbourgs d'icelles dans la huictaine apres la publication qui
y sera faite desdites Lettres, Et pour ceulx qui sont demeurants
aux Champs où qui pourroient estre absents desdites Villes, dãs
la quinzaine apres ladicte publication, sur les peines contenuës
esdites Lettres, Lesquelles declarations se serõt deuant les Bail-
lliz où leurs Lieutenants és Sieges Royaux, selon le formulaire
Imprimé qui leur sera enuoyé par ladicte Court, pour estre de-
liuré gratuitement & sans fraiz à ceulx qui feront ladicte declaration, tant par les Iuges que Greffiers, à peine de concus-
sion. Faict à Rouen en ladicte Court de Parlement les Chambres assemblées, le septiéme iour de Iuin, mil six cens vingt &
vng.

Signé, DEBOISLEVESQVE.

LEuës & publiez en Iugement, Deuant nous
Claude le Roux Escuyer, Sieur de Saint Aubin,
Conseiller du Roy, Lieutenant General audict Bailia-
ge, le Mercredy neufiesme iour de Iuing mil six cens
vingt & vng, Et ordonné ce Requerant le Procureur
du Roy audict Bailliage, qu'il sera regisé és Registres
du Greffe de ce lieu, publié à son de Trompe, Imprimé
& affiché par les Carfourgs, sur les Quayz, & autres lieux accoustumez à faire proclamations publiques en cestedicte ville, & les vidimus enuoyez és
Vicontez de ce Ressort, pour y estre pareillement leuz
& publiez, Mesmes distribuez aux Sergens des Ser-

genteries Royalles de ceste Viconté, pour en faire le-
Cture aux Bourgs & Marchez de leurs Sergenteries,
& les deliurer aux Curez des parroisses d'icelles pour
les publier aux Prosnes des grandes Messes parroissial-
les desdictes parroisses, à ce qu'aucune personne n'en
pretende cause d'ignorance. Faict comme dessus.

Signé,   *LE ROVX.*

&   *VAIGNON.*

LEcture & publication du cantenu en la Declaration du Roy & Arrest de la Court cy dessus,
à esté faicte par moy Sergent Royal Amace à Rouen
soubz-signé, ce neufiéme iour de Iuing mil six cens
vingt & vng, à son de Trompe & cry public par les
Carfourgs, sur les Quayz, & autres lieux accoustumez à faire proclamations publiques en ladicte Ville
de Rouen, à ce qu'aucune personne n'en pretende cause
d'ignorance. Presence de Robert de Rost Trompette
ordinaire, & autres.

Signé,   *BARBIER.*